TRANZLATY

El idioma es para todos
언어는 모든 사람을 위한 것입니다

La Bella y la Bestia

미녀와 야수

Gabrielle-Suzanne Barbot de Villeneuve

Español / 한국어

Copyright © 2025 Tranzlaty
All rights reserved
Published by Tranzlaty
ISBN: 978-1-80572-084-3
Original text by Gabrielle-Suzanne Barbot de Villeneuve
La Belle et la Bête
First published in French in 1740
Taken from The Blue Fairy Book (Andrew Lang)
Illustration by Walter Crane
www.tranzlaty.com

Había una vez un rico comerciante
옛날에 부유한 상인이 있었습니다.
Este rico comerciante tuvo seis hijos.
이 부유한 상인은 여섯 명의 자녀를 두었습니다.
Tenía tres hijos y tres hijas.
그는 아들 셋과 딸 셋을 두었다
No escatimó en gastos para su educación
그는 그들의 교육을 위해 아무런 비용도 아끼지 않았습니다.
Porque era un hombre sensato
그는 상식이 있는 사람이었기 때문이다
pero dio a sus hijos muchos siervos
그러나 그는 그의 자녀들에게 많은 종들을 주었고
Sus hijas eran extremadamente bonitas
그의 딸들은 매우 예뻤다
Y su hija menor era especialmente bonita.
그리고 그의 막내딸은 특히 예뻤어요
Desde niña ya admiraban su belleza
어린 시절부터 그녀의 아름다움은 이미 존경을 받았다
y la gente la llamaba por su belleza
사람들은 그녀의 아름다움 때문에 그녀를 불렀다
Su belleza no se desvaneció a medida que envejecía.
그녀의 아름다움은 나이가 들면서 사라지지 않았다
Así que la gente seguía llamándola por su belleza.
그래서 사람들은 그녀를 계속 그녀의 아름다움 때문에 불렀습니다.
Esto puso muy celosas a sus hermanas.
이것은 그녀의 자매들을 매우 질투하게 만들었다
Las dos hijas mayores tenían mucho orgullo.
두 큰딸은 매우 자랑스러워했습니다
Su riqueza era la fuente de su orgullo.
그들의 부는 그들의 자존심의 원천이었습니다
y tampoco ocultaron su orgullo
그리고 그들은 그들의 자존심도 숨기지 않았다
No visitaron a las hijas de otros comerciantes.

그들은 다른 상인의 딸들을 방문하지 않았다
Porque sólo se encuentran con la aristocracia.
그들은 귀족층만 만나기 때문이다
Salían todos los días a fiestas.
그들은 매일 파티에 나갔다
bailes, obras de teatro, conciertos, etc.
무도회, 연극, 콘서트 등
y se rieron de su hermana menor
그리고 그들은 가장 어린 여동생을 비웃었다
Porque pasaba la mayor parte del tiempo leyendo
그녀는 대부분의 시간을 독서에 보냈기 때문에
Era bien sabido que eran ricos
그들이 부유하다는 것은 잘 알려져 있었다
Así que varios comerciantes eminentes pidieron su mano.
그래서 몇몇 저명한 상인들이 그들의 손을
요청했습니다.
pero dijeron que no se iban a casar
그런데 그 사람들은 결혼 안 할 거라고 했어
Pero estaban dispuestos a hacer algunas excepciones.
하지만 그들은 몇 가지 예외를 만들 준비가 되어
있었습니다.
"Quizás podría casarme con un duque"
"아마도 공작과 결혼할 수도 있을 거야"
"Supongo que podría casarme con un conde"
"내가 백작과 결혼할 수도 있겠다"
Bella agradeció muy civilizadamente a quienes le
propusieron matrimonio.
미인은 그녀에게 청혼한 사람들에게 매우 정중하게
감사를 표했다
Ella les dijo que todavía era demasiado joven para casarse.
그녀는 그들에게 결혼하기에는 아직 너무 어리다고
말했다
Ella quería quedarse unos años más con su padre.
그녀는 그녀의 아버지와 몇 년 더 머물고 싶어했습니다
De repente el comerciante perdió su fortuna.

상인은 갑자기 재산을 잃었다
Lo perdió todo excepto una pequeña casa de campo.
그는 작은 시골집 외에는 모든 것을 잃었습니다.
Y con lágrimas en los ojos les dijo a sus hijos:
그리고 그는 눈물을 흘리며 자녀들에게 이렇게 말했습니다.
"Tenemos que ir al campo"
"우리는 시골로 가야 해요"
"y debemos trabajar para vivir"
"그리고 우리는 우리의 삶을 위해 일해야 합니다"
Las dos hijas mayores no querían abandonar el pueblo.
두 큰딸은 마을을 떠나고 싶어하지 않았다
Tenían varios amantes en la ciudad.
그들은 도시에 여러 연인이 있었습니다
y estaban seguros de que uno de sus amantes se casaría con ellos
그리고 그들은 그들의 연인 중 한 명이 그들과 결혼할 것이라고 확신했습니다.
Pensaban que sus amantes se casarían con ellos incluso sin fortuna.
그들은 재산이 없어도 연인이 자기들과 결혼할 거라고 생각했다
Pero las buenas damas estaban equivocadas.
하지만 착한 여자들은 착각했어요
Sus amantes los abandonaron muy rápidamente
그들의 연인들은 매우 빨리 그들을 버렸다
porque ya no tenían fortuna
그들은 더 이상 재산이 없었기 때문이다
Esto demostró que en realidad no eran muy queridos.
이것은 그들이 실제로 별로 좋아하지 않는다는 것을 보여주었습니다.
Todos dijeron que no merecían compasión.
다들 자기들은 불쌍히 여김받을 자격이 없다고 하더라
"Nos alegra ver su orgullo humillado"
"우리는 그들의 자존심이 낮아진 것을 보고 기쁩니다"

"Que se sientan orgullosos de ordeñar vacas"
"그들이 젖소 짜는 것을 자랑스러워하게 하라"
Pero estaban preocupados por Bella.
하지만 그들은 아름다움에 관심이 있었습니다
Ella era una criatura tan dulce
그녀는 정말 달콤한 존재였어
Ella hablaba tan amablemente a la gente pobre.
그녀는 가난한 사람들에게 매우 친절하게 말했습니다
Y ella era de una naturaleza tan inocente.
그녀는 정말 순진한 성격이었어
Varios caballeros se habrían casado con ella.
여러 신사들이 그녀와 결혼했을 것입니다.
Se habrían casado con ella aunque fuera pobre
그녀는 가난했어도 결혼했을 거야
pero ella les dijo que no podía casarlos
하지만 그녀는 그들에게 결혼할 수 없다고 말했습니다.
porque ella no dejaría a su padre
그녀는 아버지를 떠나지 않았기 때문에
Ella estaba decidida a ir con él al campo.
그녀는 그와 함께 시골로 가기로 결심했다
para que ella pudiera consolarlo y ayudarlo
그녀가 그를 위로하고 도울 수 있도록
La pobre belleza estaba muy triste al principio.
불쌍한 미인은 처음에는 매우 슬퍼했습니다.
Ella estaba afligida por la pérdida de su fortuna.
그녀는 재산을 잃은 것에 슬퍼했다
"Pero llorar no cambiará mi suerte"
"하지만 울어도 내 운명은 바뀌지 않아"
"Debo intentar ser feliz sin riquezas"
"나는 부 없이도 행복해지려고 노력해야 한다"
Llegaron a su casa de campo
그들은 그들의 시골집에 왔다
y el comerciante y sus tres hijos se dedicaron a la agricultura
그리고 상인과 그의 세 아들은 농사에 전념했습니다.
Bella se levantó a las cuatro de la mañana.

아름다움은 아침 4시에 일어났다
y se apresuró a limpiar la casa
그리고 그녀는 서둘러 집을 청소했다
y se aseguró de que la cena estuviera lista
그리고 그녀는 저녁이 준비되었는지 확인했습니다
Al principio encontró su nueva vida muy difícil.
처음에 그녀는 새로운 삶이 매우 어렵다는 것을 알았습니다.
porque no estaba acostumbrada a ese tipo de trabajo
그녀는 그런 일에 익숙하지 않았기 때문이다
Pero en menos de dos meses se hizo más fuerte.
하지만 두 달도 채 안 되어 그녀는 더 강해졌습니다.
Y ella estaba más sana que nunca.
그리고 그녀는 그 어느 때보다 더 건강했습니다
Después de haber hecho su trabajo, leyó
그녀는 일을 마친 후에 책을 읽었습니다.
Ella tocaba el clavicémbalo
그녀는 하프시코드를 연주했다
o cantaba mientras hilaba seda
아니면 그녀는 실크를 뽑는 동안 노래를 불렀습니다.
Por el contrario, sus dos hermanas no sabían cómo pasar el tiempo.
오히려 그녀의 두 자매는 시간을 어떻게 보내야 할지 몰랐다.
Se levantaron a las diez y no hicieron nada más que holgazanear todo el día.
그들은 열시에 일어나서 하루종일 게으름 피우며 아무것도 하지 않았습니다.
Lamentaron la pérdida de sus hermosas ropas.
그들은 좋은 옷을 잃은 것을 한탄했습니다.
y se quejaron de perder a sus conocidos
그리고 그들은 지인을 잃었다고 불평했습니다.
"Mirad a nuestra hermana menor", se dijeron.
"우리 막내 여동생 좀 봐" 그들은 서로에게 말했다.
"¡Qué criatura tan pobre y estúpida es!"

"그녀는 얼마나 불쌍하고 멍청한 존재인가"
"Es mezquino contentarse con tan poco"
"그렇게 적은 것에 만족하는 것은 비열한 짓이다"
El amable comerciante tenía una opinión muy diferente.
친절한 상인은 전혀 다른 의견을 가지고 있었습니다.
Él sabía muy bien que Bella eclipsaba a sus hermanas.
그는 그녀의 아름다움이 자매들보다 더 뛰어나다는 것을 잘 알고 있었습니다.
Ella los eclipsó tanto en carácter como en mente.
그녀는 성격과 정신력 면에서 그들을 능가했습니다.
Él admiraba su humildad y su arduo trabajo.
그는 그녀의 겸손함과 그녀의 노고에 감탄했다
Pero sobre todo admiraba su paciencia.
하지만 무엇보다도 그는 그녀의 인내심에 감탄했습니다.
Sus hermanas le dejaron todo el trabajo por hacer.
그녀의 자매들은 그녀에게 모든 일을 맡겼다
y la insultaban a cada momento
그리고 그들은 그녀를 매 순간 모욕했습니다
La familia había vivido así durante aproximadamente un año.
이 가족은 이렇게 1년 정도 살았다
Entonces el comerciante recibió una carta de un contable.
그러자 상인은 회계사로부터 편지를 받았다.
Tenía una inversión en un barco.
그는 배에 투자를 했다
y el barco había llegado sano y salvo
그리고 배는 무사히 도착했습니다
Esta noticia hizo que las dos hijas mayores se volvieran locas.
은 두 큰 딸의 관심을 끌었다.
Inmediatamente tuvieron esperanzas de regresar a la ciudad.
그들은 즉시 마을로 돌아갈 수 있기를 바랐다
Porque estaban bastante cansados de la vida en el campo.
그들은 시골 생활에 꽤 지쳐 있었기 때문이다
Fueron a ver a su padre cuando él se iba.

그들은 아버지가 떠나는 것을 보고 그에게로 갔다.
Le rogaron que les comprara ropa nueva
그들은 그에게 새 옷을 사달라고 간청했다
Vestidos, cintas y todo tipo de cositas.
드레스, 리본, 그리고 온갖 작은 것들
Pero Bella no pedía nada.
하지만 아름다움은 아무것도 요구하지 않는다
Porque pensó que el dinero no sería suficiente.
그녀는 돈이 충분하지 않을 것이라고 생각했기 때문이다
No habría suficiente para comprar todo lo que sus hermanas querían.
그녀의 자매들이 원하는 모든 것을 살 만큼 충분하지 않을 것이다
- ¿Qué te gustaría, Bella? -preguntó su padre.
"아가씨, 뭐 드시겠어요?" 그녀의 아버지가 물었습니다.
"Gracias, padre, por la bondad de pensar en mí", dijo.
"아버지, 저를 생각해 주셔서 감사합니다." 그녀가 말했다.
"Padre, ten la amabilidad de traerme una rosa"
"아버지, 장미 한 송이 가져다 주세요"
"Porque aquí en el jardín no crecen rosas"
"이 정원에는 장미가 자라지 않으니까요"
"y las rosas son una especie de rareza"
"그리고 장미는 일종의 희귀종이에요"
A Bella realmente no le importaban las rosas
미인은 장미를 별로 좋아하지 않았다
Ella solo pidió algo para no condenar a sus hermanas.
그녀는 단지 그녀의 자매들을 비난하지 않기 위해 무언가를 요청했을 뿐입니다.
Pero sus hermanas pensaron que ella pidió rosas por otros motivos.
하지만 그녀의 자매들은 그녀가 다른 이유로 장미를 요청했다고 생각했습니다.
"Lo hizo sólo para parecer especial"
"그녀는 특별하게 보이기 위해 그렇게 했을 뿐이야"

El hombre amable continuó su viaje.
친절한 남자는 여행을 떠났다
pero cuando llego discutieron sobre la mercancia
그러나 그가 도착했을 때 그들은 상품에 대해 논쟁했습니다.
Y después de muchos problemas volvió tan pobre como antes.
그리고 많은 고생 끝에 그는 예전처럼 가난하게 돌아왔다
Estaba a un par de horas de su propia casa.
그는 자신의 집에서 몇 시간 거리에 있었습니다.
y ya imaginaba la alegría de ver a sus hijos
그리고 그는 이미 그의 아이들을 보는 기쁨을 상상했습니다
pero al pasar por el bosque se perdió
하지만 숲을 지나가다가 길을 잃었어요
Llovió y nevó terriblemente
비가 내리고 눈이 엄청 내렸다
El viento era tan fuerte que lo arrojó del caballo.
바람이 너무 강해서 그는 말에서 떨어졌다.
Y la noche se acercaba rápidamente
그리고 밤이 빨리 다가왔다
Empezó a pensar que podría morir de hambre.
그는 굶어죽을지도 모른다는 생각이 들기 시작했다
y pensó que podría morir congelado
그리고 그는 자신이 얼어죽을지도 모른다고 생각했습니다.
y pensó que los lobos podrían comérselo
그리고 그는 늑대가 자신을 먹을지도 모른다고 생각했습니다.
Los lobos que oía aullar a su alrededor
그가 주변에서 울부짖는 늑대들의 소리를 들었다
Pero de repente vio una luz.
그런데 갑자기 그는 빛을 보았습니다.
Vio la luz a lo lejos entre los árboles.

그는 나무 사이로 멀리서 빛을 보았다
Cuando se acercó vio que la luz era un palacio.
그가 가까이 다가갔을 때 그는 빛이 궁전인 것을 보았습니다.
El palacio estaba iluminado de arriba a abajo.
궁전은 위에서 아래까지 밝았다
El comerciante agradeció a Dios por su suerte.
상인은 자신의 행운에 대해 신에게 감사했습니다.
y se apresuró a ir al palacio
그리고 그는 궁전으로 서둘러 갔다
Pero se sorprendió al no ver gente en el palacio.
그러나 그는 궁전에 사람이 하나도 없는 것을 보고 놀랐다.
El patio estaba completamente vacío.
안뜰은 완전히 비어 있었다
y no había señales de vida en ninguna parte
그리고 어디에도 생명의 흔적이 없었다
Su caballo lo siguió hasta el palacio.
그의 말은 그를 따라 궁전으로 들어갔다
y luego su caballo encontró un gran establo
그리고 그의 말은 큰 마구간을 발견했습니다.
El pobre animal estaba casi muerto de hambre.
불쌍한 동물은 거의 굶주렸습니다
Entonces su caballo fue a buscar heno y avena.
그래서 그의 말은 건초와 귀리를 찾으러 들어갔다
Afortunadamente encontró mucho para comer.
다행히 그는 먹을 것이 많이 있었다
y el mercader ató su caballo al pesebre
그리고 상인은 그의 말을 구유에 묶어두었습니다.
Caminando hacia la casa no vio a nadie.
그는 집으로 걸어갔지만 아무도 보이지 않았다 .
Pero en un gran salón encontró un buen fuego.
그러나 그는 큰 홀에서 좋은 불을 발견했습니다.
y encontró una mesa puesta para uno
그리고 그는 한 사람을 위한 테이블을 찾았습니다.

Estaba mojado por la lluvia y la nieve.
그는 비와 눈에 젖어 있었다
Entonces se acercó al fuego para secarse.
그래서 그는 몸을 말리기 위해 불 가까이로 갔다
"Espero que el dueño de la casa me disculpe"
"집주인께서 저를 용서해 주시기를 바랍니다"
"Supongo que no tardará mucho en aparecer alguien"
"누군가 나타날 때까지 시간이 오래 걸리지 않을 것 같아요"
Esperó un tiempo considerable
그는 상당한 시간을 기다렸다
Esperó hasta que dieron las once y todavía no venía nadie.
그는 열한 시가 될 때까지 기다렸지만 여전히 아무도 오지 않았습니다.
Al final tenía tanta hambre que no podía esperar más.
마침내 그는 너무 배고파서 더 이상 기다릴 수 없었습니다.
Tomó un poco de pollo y se lo comió en dos bocados.
그는 닭고기를 가져다가 두 입에 다 먹었습니다.
Estaba temblando mientras comía la comida.
그는 음식을 먹으면서 떨고 있었다
Después de esto bebió unas copas de vino.
그 후 그는 몇 잔의 와인을 마셨다
Cada vez más valiente, salió del salón.
그는 더욱 용기를 얻어 홀 밖으로 나갔다.
y atravesó varios grandes salones
그리고 그는 여러 개의 웅장한 홀을 통과했습니다.
Caminó por el palacio hasta llegar a una cámara.
그는 궁전을 지나 방에 도착할 때까지 걸어갔다.
Una habitación que tenía una cama muy buena.
매우 좋은 침대가 있는 방
Estaba muy fatigado por su terrible experiencia.
그는 그의 시련으로 인해 매우 지쳐 있었습니다.
Y ya era pasada la medianoche
그리고 시간은 이미 자정을 넘었습니다

Entonces decidió que era mejor cerrar la puerta.
그래서 그는 문을 닫는 것이 최선이라고 결정했습니다.
y concluyó que debía irse a la cama
그리고 그는 잠자리에 들기로 결심했다
Eran las diez de la mañana cuando el comerciante se despertó.
상인이 깨어난 것은 오전 10시였다.
Justo cuando iba a levantarse vio algo
그가 일어나려고 할 때 그는 무언가를 보았습니다.
Se sorprendió al ver un conjunto de ropa limpia.
그는 깨끗한 옷을 보고 놀랐다
En el lugar donde había dejado su ropa sucia.
그가 더러운 옷을 놓아두었던 그 자리에
"Seguramente este palacio pertenece a algún tipo de hada"
"이 궁전은 분명 어떤 선녀의 소유일 거야"
" Un hada que me ha visto y se ha compadecido de mí"
" 나를 보고 불쌍히 여기는 요정 "
Miró por una ventana
그는 창문으로 들여다보았다
Pero en lugar de nieve vio el jardín más delicioso.
그러나 그는 눈 대신 가장 아름다운 정원을 보았습니다.
Y en el jardín estaban las rosas más hermosas.
그리고 정원에는 가장 아름다운 장미들이 있었습니다
Luego regresó al gran salón.
그런 다음 그는 대강당으로 돌아갔다.
El salón donde había tomado sopa la noche anterior.
그가 전날 밤 수프를 먹었던 홀
y encontró un poco de chocolate en una mesita
그리고 그는 작은 테이블에서 초콜릿을 발견했습니다.
"Gracias, buena señora hada", dijo en voz alta.
"고맙습니다, 좋은 요정 부인님." 그는 큰 소리로 말했습니다.
"Gracias por ser tan cariñoso"
"너무나 친절하게 대해주셔서 감사합니다"
"Le estoy sumamente agradecido por todos sus favores"

"당신의 모든 은혜에 진심으로 감사드립니다"
El hombre amable bebió su chocolate.
친절한 남자는 초콜릿을 마셨다
y luego fue a buscar su caballo
그리고 그는 말을 찾으러 갔다
Pero en el jardín recordó la petición de Bella.
그러나 정원에서 그는 아름다움의 요청을 기억했습니다.
y cortó una rama de rosas
그리고 그는 장미 가지를 잘랐다
Inmediatamente oyó un gran ruido
그는 즉시 큰 소리를 들었습니다.
y vio una bestia terriblemente espantosa
그리고 그는 매우 무서운 짐승을 보았습니다.
Estaba tan asustado que estaba a punto de desmayarse.
그는 너무 무서워서 기절할 지경이었다
-Eres muy desagradecido -le dijo la bestia.
"너는 정말 배은망덕하구나." 짐승이 그에게 말했다.
Y la bestia habló con voz terrible
그리고 그 짐승은 무서운 목소리로 말했습니다.
"Te he salvado la vida al permitirte entrar en mi castillo"
"내가 너를 내 성으로 들여보냄으로써 네 생명을 구했다"
"¿Y a cambio me robas mis rosas?"
"그리고 그 대가로 당신은 내 장미를 훔쳐갔어요?"
"Las rosas que valoro más que nada"
"내가 무엇보다도 소중히 여기는 장미"
"Pero morirás por lo que has hecho"
"그러나 너는 네가 행한 일로 인해 죽을 것이다"
"Sólo te doy un cuarto de hora para que te prepares"
"나는 당신에게 준비할 시간을 15분만 드리겠습니다"
"Prepárate para la muerte y di tus oraciones"
"죽음을 준비하고 기도하세요"
El comerciante cayó de rodillas
상인은 무릎을 꿇었다
y alzó ambas manos
그리고 그는 두 손을 들어올렸다

"Mi señor, le ruego que me perdone"
"주님, 저를 용서해 주시기를 간청합니다"
"No tuve intención de ofenderte"
"나는 당신을 화나게 할 의도가 없었습니다"
"Recogí una rosa para una de mis hijas"
"나는 내 딸 중 한 명을 위해 장미를 모았습니다"
"Ella me pidió que le trajera una rosa"
"그녀가 내게 장미 한 송이 가져다 달라고 부탁했어"
-No soy tu señor, pero soy una bestia -respondió el monstruo.
"나는 당신의 주인이 아니라 짐승입니다." 괴물이 대답했습니다.
"No me gustan los cumplidos"
"나는 칭찬을 좋아하지 않는다"
"Me gusta la gente que habla como piensa"
"나는 생각대로 말하는 사람을 좋아한다"
"No creas que me puedo conmover con halagos"
"내가 아첨에 감동받을 수 있다고 생각하지 마세요"
"Pero dices que tienes hijas"
"그런데 당신은 딸이 있다고 하셨잖아요"
"Te perdonaré con una condición"
"한 가지 조건으로 당신을 용서하겠습니다"
"Una de tus hijas debe venir voluntariamente a mi palacio"
"너희 딸 중 한 명이 기꺼이 내 궁전에 와야 한다"
"y ella debe sufrir por ti"
"그리고 그녀는 당신을 위해 고통을 겪어야 합니다"
"Déjame tener tu palabra"
"당신의 말을 들어보세요"
"Y luego podrás continuar con tus asuntos"
"그리고 나서 당신은 당신의 일을 계속할 수 있습니다"
"Prométeme esto:"
"나에게 이걸 약속해:"
"Si tu hija se niega a morir por ti, deberás regresar dentro de tres meses"
"만약 당신의 딸이 당신을 위해 죽기를 거부한다면,

당신은 3개월 안에 돌아와야 합니다"
El comerciante no tenía intenciones de sacrificar a sus hijas.
상인은 딸들을 희생시킬 생각이 전혀 없었다
Pero, como le habían dado tiempo, quiso volver a ver a sus hijas.
하지만 시간이 주어지자 그는 딸들을 다시 한 번 보고 싶어했습니다.
Así que prometió que volvería.
그래서 그는 돌아올 것을 약속했습니다
Y la bestia le dijo que podía partir cuando quisiera.
그리고 그 짐승은 그가 원할 때 출발할 수 있다고 그에게 말했습니다.
y la bestia le dijo una cosa más
그리고 그 짐승은 그에게 한 가지 더 말했습니다.
"No te irás con las manos vacías"
"너희는 빈손으로 떠나지 말라"
"Vuelve a la habitación donde yacías"
"너가 누워 있던 방으로 돌아가라"
"Verás un gran cofre del tesoro vacío"
"당신은 큰 빈 보물 상자를 보게 될 것입니다"
"Llena el cofre del tesoro con lo que más te guste"
"당신이 가장 좋아하는 것으로 보물상자를 채워보세요"
"y enviaré el cofre del tesoro a tu casa"
"그리고 나는 보물상자를 당신 집으로 보내줄게요"
Y al mismo tiempo la bestia se retiró.
그리고 동시에 짐승은 물러났다
"Bueno", se dijo el buen hombre.
"글쎄요." 선한 사람이 스스로에게 말했습니다.
"Si tengo que morir, al menos dejaré algo a mis hijos"
"내가 죽어야 한다면 적어도 자식들에게 뭔가를 남겨주겠다"
Así que regresó al dormitorio.
그래서 그는 침실로 돌아갔다
y encontró una gran cantidad de piezas de oro
그리고 그는 많은 금화들을 발견했습니다.

Llenó el cofre del tesoro que la bestia había mencionado.
그는 짐승이 언급한 보물 상자를 채웠다
y sacó su caballo del establo
그리고 그는 말을 마구간에서 꺼냈다.
La alegría que sintió al entrar al palacio ahora era igual al dolor que sintió al salir de él.
궁전에 들어갔을 때 느꼈던 기쁨은 이제 궁전을 나설 때 느꼈던 슬픔과 같았다.
El caballo tomó uno de los caminos del bosque.
말은 숲길 중 하나를 택했다
Y en pocas horas el buen hombre estaba en casa.
그리고 몇 시간 후에 좋은 사람이 집에 왔습니다.
Sus hijos vinieron a él
그의 아이들이 그에게 왔다
Pero en lugar de recibir sus abrazos con placer, los miró.
그러나 그는 그들의 포옹을 기쁘게 받아들이는 대신 그들을 바라보았습니다.
Levantó la rama que tenía en sus manos.
그는 손에 들고 있던 나뭇가지를 들어올렸다
y luego estalló en lágrimas
그리고 그는 눈물을 터뜨렸습니다
"Belleza", dijo, "por favor toma estas rosas".
"아름다움이여," 그는 말했다, "이 장미들을 가져가세요"
"No puedes saber lo costosas que han sido estas rosas"
"이 장미가 얼마나 비싼지 알 수 없을 거야"
"Estas rosas le han costado la vida a tu padre"
"이 장미 때문에 당신 아버지의 목숨이 앗겨갔어요"
Y luego contó su fatal aventura.
그리고 그는 자신의 치명적인 모험에 대해 이야기했습니다.
Inmediatamente las dos hermanas mayores gritaron.
그러자 큰 자매 둘이 즉시 소리쳤다.
y le dijeron muchas cosas malas a su hermosa hermana
그리고 그들은 아름다운 여동생에게 많은 못된 말을 했습니다.

Pero Bella no lloró en absoluto.
하지만 미인은 전혀 울지 않았다
"Mirad el orgullo de ese pequeño desgraciado", dijeron.
"저 꼬마의 자존심을 봐요." 그들이 말했다.
"ella no pidió ropa fina"
"그녀는 좋은 옷을 요구하지 않았다"
"Ella debería haber hecho lo que hicimos"
"그녀는 우리가 한 일을 했어야 했어"
"ella quería distinguirse"
"그녀는 자신을 구별하고 싶어했습니다"
"Así que ahora ella será la muerte de nuestro padre"
"그러니까 이제 그녀는 우리 아버지의 죽음이 될 거야"
"Y aún así no derrama ni una lágrima"
"그래도 그녀는 눈물을 흘리지 않는다"
"¿Por qué debería llorar?" respondió Bella
"왜 울어야 하나요?" 미인이 대답했다
"Llorar sería muy innecesario"
"울어도 소용없어"
"mi padre no sufrirá por mí"
"내 아버지는 나 때문에 고통을 겪지 않을 거야"
"El monstruo aceptará a una de sus hijas"
"괴물은 자기 딸 중 하나를 받아들일 것이다"
"Me ofreceré a toda su furia"
"나는 그의 모든 분노에 나 자신을 바칠 것이다"
"Estoy muy feliz, porque mi muerte salvará la vida de mi padre"
"저는 매우 행복합니다. 제 죽음이 아버지의 생명을 구할 것이기 때문입니다."
"mi muerte será una prueba de mi amor"
"내 죽음은 내 사랑의 증거가 될 것이다"
-No, hermana -dijeron sus tres hermanos.
"아니요, 자매님." 그녀의 세 형제가 말했습니다.
"Eso no será"
"그것은 아닐 것이다"
"Iremos a buscar al monstruo"

"우리는 괴물을 찾아갈 것이다"
"y o lo matamos..."
"그리고 우리가 그를 죽일 거야..."
"...o pereceremos en el intento"
"... 그렇지 않으면 우리는 시도에서 죽을 것입니다"
"No imaginéis tal cosa, hijos míos", dijo el mercader.
"아들아, 그런 일은 상상도 하지 마라" 상인이 말했다.
"El poder de la bestia es tan grande que no tengo esperanzas de que puedas vencerlo"
"짐승의 힘이 너무 강해서 네가 그를 이길 수 있을 리가 없어"
"Estoy encantado con la amable y generosa oferta de Bella"
"나는 아름다움의 친절하고 관대한 제안에 매료되었습니다"
"pero no puedo aceptar su generosidad"
"하지만 나는 그녀의 관대함을 받아들일 수 없어"
"Soy viejo y no me queda mucho tiempo de vida"
"나는 늙었고, 더 이상 살 수 없습니다"
"Así que sólo puedo perder unos pocos años"
"그래서 몇 년만 잃을 수 있을 거야"
"Tiempo que lamento por vosotros, mis queridos hijos"
"내가 너희를 위해 애석하게 여기는 시간, 나의 사랑하는 자녀들아"
"Pero padre", dijo Bella
"하지만 아버지," 미인이 말했다
"No irás al palacio sin mí"
"내가 없이는 궁전에 갈 수 없다"
"No puedes impedir que te siga"
"너는 내가 너를 따라가는 것을 막을 수 없어"
Nada podría convencer a Bella de lo contrario.
그렇지 않으면 아름다움을 설득할 수 있는 것은 아무것도 없습니다.
Ella insistió en ir al bello palacio.
그녀는 아름다운 궁전에 가는 것을 고집했다
y sus hermanas estaban encantadas con su insistencia

그리고 그녀의 자매들은 그녀의 주장에 기뻐했습니다.
El comerciante estaba preocupado ante la idea de perder a su hija.
상인은 딸을 잃을까봐 걱정이 되었습니다.
Estaba tan preocupado que se había olvidado del cofre lleno de oro.
그는 너무 걱정해서 금으로 가득 찬 상자를 잊어버렸다
Por la noche se retiró a descansar y cerró la puerta de su habitación.
밤에 그는 쉬기 위해 물러났고 방문을 닫았습니다.
Entonces, para su gran asombro, encontró el tesoro junto a su cama.
그러자 그는 침대 옆에 보물이 있는 것을 보고 매우 놀랐습니다.
Estaba decidido a no contárselo a sus hijos.
그는 자녀들에게 말하지 않기로 결심했다
Si lo supieran, hubieran querido regresar al pueblo.
그들이 알았다면 그들은 마을로 돌아가고 싶어했을 것이다
y estaba decidido a no abandonar el campo
그리고 그는 시골을 떠나지 않기로 결심했습니다.
Pero él confió a Bella el secreto.
그러나 그는 아름다움에게 비밀을 맡겼다
Ella le informó que dos caballeros habían llegado.
그녀는 그에게 두 명의 신사가 왔다고 알렸다.
y le hicieron propuestas a sus hermanas
그리고 그들은 그녀의 자매들에게 제안을 했습니다.
Ella le rogó a su padre que consintiera su matrimonio.
그녀는 그녀의 아버지에게 그들의 결혼에 동의해 달라고 간청했습니다.
y ella le pidió que les diera algo de su fortuna
그리고 그녀는 그에게 그의 재산 중 일부를 그들에게 주라고 했습니다.
Ella ya los había perdonado.
그녀는 이미 그들을 용서했다

Las malvadas criaturas se frotaron los ojos con cebollas.
사악한 생물들은 양파로 눈을 비볐다
Para forzar algunas lágrimas cuando se separaron de su hermana.
언니와 헤어질 때 눈물을 흘리게 하려고
Pero sus hermanos realmente estaban preocupados.
하지만 그녀의 형제들은 정말로 걱정하고 있었어요
Bella fue la única que no derramó ninguna lágrima.
눈물을 흘리지 않는 유일한 사람은 미인이었다
Ella no quería aumentar su malestar.
그녀는 그들의 불안감을 키우고 싶지 않았다
El caballo tomó el camino directo al palacio.
말은 궁전으로 가는 직행 도로를 택했다
y hacia la tarde vieron el palacio iluminado
그리고 저녁 무렵 그들은 빛나는 궁전을 보았습니다.
El caballo volvió a entrar solo en el establo.
말은 다시 마구간으로 들어갔다
Y el buen hombre y su hija entraron en el gran salón.
그리고 선한 남자와 그의 딸은 큰 홀로 들어갔다.
Aquí encontraron una mesa espléndidamente servida.
여기서 그들은 훌륭하게 차려진 테이블을 발견했습니다.
El comerciante no tenía apetito para comer
상인은 먹을 식욕이 없었다
Pero Bella se esforzó por parecer alegre.
그러나 아름다움은 쾌활해 보이려고 노력했다
Ella se sentó a la mesa y ayudó a su padre.
그녀는 테이블에 앉아서 아버지를 도왔습니다.
Pero también pensó para sí misma:
하지만 그녀는 또한 자신에게 이렇게 생각했습니다.
"La bestia seguramente quiere engordarme antes de comerme"
"짐승은 나를 먹기 전에 나를 살찌우고 싶어할 거야"
"Por eso ofrece tanto entretenimiento"
"그래서 그는 그토록 풍부한 오락을 제공하는 거야"
Después de haber comido oyeron un gran ruido.

그들이 먹은 후에 큰 소리가 들렸다

Y el comerciante se despidió de su desdichado hijo con lágrimas en los ojos.

그리고 상인은 눈물을 흘리며 불행한 아이에게 작별 인사를 했습니다.

Porque sabía que la bestia venía

그는 짐승이 올 것을 알았기 때문이다

Bella estaba aterrorizada por su horrible forma.

미인은 그의 끔찍한 모습에 겁에 질렸다

Pero ella tomó coraje lo mejor que pudo.

하지만 그녀는 할 수 있는 한 용기를 냈습니다.

Y el monstruo le preguntó si venía voluntariamente.

그리고 괴물은 그녀에게 기꺼이 왔는지 물었습니다.

-Sí, he venido voluntariamente -dijo temblando.

"그래요, 저는 기꺼이 왔어요." 그녀는 떨면서 말했다.

La bestia respondió: "Eres muy bueno"

짐승은 "너는 정말 훌륭하다"고 대답했다.

"Y te lo agradezco mucho, hombre honesto"

"그리고 나는 당신에게 큰 감사를 표합니다. 정직한 사람이시군요"

"Continuad vuestro camino mañana por la mañana"

"내일 아침에 가거라"

"Pero nunca pienses en venir aquí otra vez"

"하지만 다시는 여기 오는 생각은 하지 마세요"

"Adiós bella, adiós bestia", respondió.

"안녕, 미녀야, 안녕, 야수야." 그가 대답했다.

Y de inmediato el monstruo se retiró.

그리고 괴물은 즉시 물러났다

"Oh, hija", dijo el comerciante.

"아, 딸아." 상인이 말했다.

y abrazó a su hija una vez más

그리고 그는 다시 한번 딸을 껴안았다.

"Estoy casi muerto de miedo"

"나는 거의 죽을 정도로 무서워요"

"Créeme, será mejor que regreses"

"나를 믿어, 너는 돌아가는 게 낫겠다"
"déjame quedarme aquí, en tu lugar"
"내가 너 대신 여기 머물게 해줘"
—No, padre —dijo Bella con tono decidido.
"아니요, 아버지." 미인이 단호한 어조로 말했다.
"Partirás mañana por la mañana"
"너는 내일 아침에 출발해야 한다"
"déjame al cuidado y protección de la providencia"
"나를 보호와 보살핌에 맡겨주세요"
Aún así se fueron a la cama
그럼에도 불구하고 그들은 잠자리에 들었다
Pensaron que no cerrarían los ojos en toda la noche.
그들은 밤새 눈을 감지 않을 거라고 생각했다
pero justo cuando se acostaron se durmieron
하지만 그들이 누워있는 순간 그들은 잠들었다
Bella soñó que una bella dama se acercó y le dijo:
미인은 아름다운 여인이 와서 말하는 꿈을 꾸었습니다.
"Estoy contento, bella, con tu buena voluntad"
"나는 당신의 호의에 만족합니다, 아름다움이여"
"Esta buena acción tuya no quedará sin recompensa"
"당신의 이 좋은 행동은 보상받지 못할 것이 없습니다"
Bella se despertó y le contó a su padre su sueño.
미녀는 깨어나서 아버지에게 자신의 꿈을 말했습니다.
El sueño ayudó a consolarlo un poco.
그 꿈은 그에게 약간이나마 위로가 되었다
Pero no pudo evitar llorar amargamente mientras se marchaba.
그러나 그는 떠나면서 몹시 울음을 참을 수 없었다.
Tan pronto como se fue, Bella se sentó en el gran salón y lloró también.
그가 떠나자마자 미인은 대강당에 앉아 울기 시작했습니다.
Pero ella decidió no sentirse inquieta.
하지만 그녀는 불안해하지 않기로 결심했습니다.
Ella decidió ser fuerte por el poco tiempo que le quedaba de

vida.
그녀는 남은 짧은 시간 동안 강해지기로 결심했습니다.
Porque creía firmemente que la bestia la comería.
그녀는 짐승이 자신을 먹을 것이라고 굳게 믿었기 때문입니다.
Sin embargo, pensó que también podría explorar el palacio.
그러나 그녀는 궁전을 탐험하는 것이 좋을 것이라고 생각했습니다.
y ella quería ver el hermoso castillo
그리고 그녀는 아름다운 성을 보고 싶어했습니다.
Un castillo que no pudo evitar admirar.
그녀가 감탄하지 않을 수 없었던 성
Era un palacio deliciosamente agradable.
그것은 매우 즐거운 궁전이었습니다
y ella se sorprendió muchísimo al ver una puerta
그리고 그녀는 문을 보고 매우 놀랐습니다.
Y sobre la puerta estaba escrito que era su habitación.
그리고 문 위에는 그녀의 방이라고 쓰여 있었습니다.
Ella abrió la puerta apresuradamente
그녀는 서둘러 문을 열었다
y ella quedó completamente deslumbrada con la magnificencia de la habitación.
그리고 그녀는 그 방의 웅장함에 완전히 매료되었습니다.
Lo que más le llamó la atención fue una gran biblioteca.
그녀의 관심을 가장 많이 끈 것은 큰 도서관이었습니다.
Un clavicémbalo y varios libros de música.
하프시코드와 여러 악보
"Bueno", se dijo a sí misma.
그녀는 스스로에게 "글쎄요."라고 말했습니다.
"Veo que la bestia no dejará que mi tiempo cuelgue pesadamente"
"나는 짐승이 내 시간을 무겁게 매달리지 않게 할 것이라는 것을 봅니다"
Entonces reflexionó sobre su situación.

그러자 그녀는 자신의 상황을 곰곰이 생각해보았다.
"Si me hubiera quedado un día, todo esto no estaría aquí"
"내가 하루만 머물기로 했다면 이 모든 것이 여기 있지 않았을 거야"
Esta consideración le inspiró nuevo coraje.
이러한 고려 사항은 그녀에게 새로운 용기를 불어넣었습니다.
y tomó un libro de su nueva biblioteca
그리고 그녀는 그녀의 새로운 도서관에서 책 한 권을 가져왔습니다
y leyó estas palabras en letras doradas:
그리고 그녀는 금색 글자로 된 이 글을 읽었습니다:
"Bienvenida Bella, destierra el miedo"
"아름다움을 환영하고 두려움을 몰아내세요"
"Eres reina y señora aquí"
"당신은 여기의 여왕이자 여주인이에요"
"Di tus deseos, di tu voluntad"
"당신의 소원을 말하세요, 당신의 의지를 말하세요"
"Aquí la obediencia rápida cumple tus deseos"
"여기서는 신속한 복종이 당신의 소원을 들어줍니다"
"¡Ay!", dijo ella con un suspiro.
그녀는 한숨을 쉬며 "아아,"라고 말했습니다.
"Lo que más deseo es ver a mi pobre padre"
"가장 보고 싶은 건 가난한 아버지를 뵙는 거예요"
"y me gustaría saber qué está haciendo"
"그리고 나는 그가 무엇을 하고 있는지 알고 싶습니다"
Tan pronto como dijo esto se dio cuenta del espejo.
그녀가 이렇게 말하자마자 그녀는 거울을 보았습니다.
Para su gran asombro, vio su propia casa en el espejo.
그녀는 거울 속에서 자신의 집을 보고 매우 놀랐습니다.
Su padre llegó emocionalmente agotado.
그녀의 아버지는 감정적으로 지쳐 도착했습니다.
Sus hermanas fueron a recibirlo
그녀의 자매들은 그를 만나러 갔다
A pesar de sus intentos de parecer tristes, su alegría era

visible.
그들이 슬퍼 보이려고 노력했음에도 불구하고 그들의 기쁨은 눈에 띄었습니다.

Un momento después todo desapareció
잠시 후 모든 것이 사라졌습니다.

Y las aprensiones de Bella también desaparecieron.
그리고 미인에 대한 걱정도 사라졌다

porque sabía que podía confiar en la bestia
그녀는 그 짐승을 믿을 수 있다는 것을 알았기 때문이다.

Al mediodía encontró la cena lista.
정오에 그녀는 저녁 식사가 준비된 것을 발견했습니다.

Ella se sentó a la mesa
그녀는 테이블에 앉았다

y se entretuvo con un concierto de música
그리고 그녀는 음악 콘서트로 즐거운 시간을 보냈습니다.

Aunque no podía ver a nadie
그녀는 누구도 볼 수 없었지만

Por la noche se sentó a cenar otra vez
밤에 그녀는 다시 저녁 식사를 위해 앉았습니다.

Esta vez escuchó el ruido que hizo la bestia.
이번에 그녀는 짐승이 내는 소리를 들었다

y ella no pudo evitar estar aterrorizada
그리고 그녀는 겁에 질리지 않을 수 없었습니다.

"belleza", dijo el monstruo
"아름다움"이라고 괴물이 말했다

"¿Me permites comer contigo?"
"나랑 같이 식사해도 돼?"

"Haz lo que quieras", respondió Bella temblando.
"당신 마음대로 하세요." 미인이 떨면서 대답했다.

"No", respondió la bestia.
"아니요." 짐승이 대답했습니다.

"Sólo tú eres la señora aquí"
"여기서 당신만이 여주인이에요"

"Puedes despedirme si soy problemático"

"내가 귀찮으면 날 보내도 돼"
"Despídeme y me retiraré inmediatamente"
"나를 보내주시면 즉시 철수하겠습니다"
-Pero dime, ¿no te parece que soy muy fea?
"하지만 말해봐요. 내가 매우 못생겼다고 생각하지 않아요?"
"Eso es verdad", dijo Bella.
"그게 사실이에요." 미인이 말했다.
"No puedo decir una mentira"
"나는 거짓말을 할 수 없다"
"Pero creo que tienes muy buen carácter"
"하지만 당신은 성격이 매우 좋은 것 같아요"
"Sí, lo soy", dijo el monstruo.
"나는 정말로 그렇다"고 괴물이 말했다.
"Pero aparte de mi fealdad, tampoco tengo sentido"
"하지만 내 추함 말고는 아무런 감각도 없어"
"Sé muy bien que soy una criatura tonta"
"나는 내가 어리석은 존재라는 것을 잘 알고 있습니다"
—No es ninguna locura pensar así —replicó Bella.
"그렇게 생각하는 것은 어리석은 일이 아닙니다." 미인이 대답했습니다.
"Come entonces, bella", dijo el monstruo.
"그럼 먹어라, 미인아." 괴물이 말했다.
"Intenta divertirte en tu palacio"
"궁전에서 즐겁게 놀아보세요"
"Todo aquí es tuyo"
"여기 있는 모든 것은 당신 것입니다"
"Y me sentiría muy incómodo si no fueras feliz"
"그리고 당신이 행복하지 않다면 나는 매우 불안할 것입니다"
-Eres muy servicial -respondió Bella.
"당신은 매우 친절합니다."라고 미인이 대답했습니다.
"Admito que estoy complacido con su amabilidad"
"나는 당신의 친절에 기쁘다는 것을 인정합니다"
"Y cuando considero tu bondad, apenas noto tus

deformidades"
"그리고 내가 당신의 친절을 생각할 때, 나는 당신의 기형을 거의 알아차리지 못합니다"
"Sí, sí", dijo la bestia, "mi corazón es bueno".
"그렇습니다, 그렇습니다." 짐승이 말했다. "내 마음은 좋습니다.
"Pero aunque soy bueno, sigo siendo un monstruo"
"하지만 내가 아무리 착하더라도 나는 여전히 괴물이야"
"Hay muchos hombres que merecen ese nombre más que tú"
"당신보다 그 이름을 받을 만한 남자가 많이 있어요"
"Y te prefiero tal como eres"
"그리고 나는 당신을 있는 그대로 더 좋아한다"
"y te prefiero más que a aquellos que esconden un corazón ingrato"
"그리고 나는 은혜를 모르는 마음을 숨기는 자들보다 너희를 더 사랑하노라"
"Si tuviera algo de sentido común", respondió la bestia.
"내게 약간의 감각만 있었으면" 짐승이 대답했다.
"Si tuviera sentido común, te haría un buen cumplido para agradecerte"
"내가 제정신이라면 당신에게 훌륭한 칭찬을 해서 감사를 표하고 싶습니다"
"Pero soy tan aburrida"
"하지만 나는 너무 지루해"
"Sólo puedo decir que le estoy muy agradecido"
"나는 당신에게 큰 감사를 표할 뿐입니다"
Bella comió una cena abundante
미인은 풍성한 저녁을 먹었습니다
y ella casi había superado su miedo al monstruo
그리고 그녀는 괴물에 대한 공포를 거의 극복했습니다.
Pero ella quería desmayarse cuando la bestia le hizo la siguiente pregunta.
하지만 짐승이 다음 질문을 하자 그녀는 기절할 뻔했다.
"Belleza, ¿quieres ser mi esposa?"
"아가씨, 제 아내가 되어 주시겠어요?"

Ella tardó un tiempo antes de poder responder.
그녀는 대답하기까지 시간이 좀 걸렸다
Porque tenía miedo de hacerlo enojar
그녀는 그를 화나게 할까봐 두려웠기 때문이다
Al final, sin embargo, dijo: "No, bestia".
하지만 마침내 그녀는 "아니, 짐승아"라고 말했습니다.
Inmediatamente el pobre monstruo silbó muy espantosamente.
불쌍한 괴물은 즉시 매우 무섭게 쉿쉿거렸습니다.
y todo el palacio hizo eco
그리고 궁전 전체가 울려 퍼졌다
Pero Bella pronto se recuperó de su susto.
그러나 아름다움은 곧 그녀의 공포에서 회복되었습니다.
porque la bestia volvió a hablar con voz triste
짐승이 다시 슬픈 목소리로 말을 했기 때문이다.
"Entonces adiós, belleza"
"그럼 안녕, 아름다움"
y sólo se volvía de vez en cuando
그리고 그는 가끔씩만 뒤돌아보았다
mirarla mientras salía
그가 나갈 때 그녀를 바라보다
Ahora Bella estaba sola otra vez
이제 아름다움은 다시 혼자가 되었습니다
Ella sintió mucha compasión
그녀는 큰 연민을 느꼈다
"Ay, es una lástima"
"아, 정말 안타까운 일이에요"
"algo tan bueno no debería ser tan feo"
"그렇게 좋은 성격의 것은 그렇게 추할 수 없다"
Bella pasó tres meses muy contenta en palacio.
미인은 궁전에서 3개월을 매우 만족스럽게 보냈다
Todas las noches la bestia le hacía una visita.
매일 저녁 짐승이 그녀를 방문했습니다.
y hablaron durante la cena
그리고 그들은 저녁 식사 중에 이야기를 나누었습니다

Hablaban con sentido común
그들은 상식적으로 이야기했다
Pero no hablaban con lo que la gente llama ingenio.
하지만 그들은 사람들이 재치있게 말하는 것을 하지 않았습니다.
Bella siempre descubre algún carácter valioso en la bestia.
미인은 항상 야수에게서 귀중한 특성을 발견합니다
y ella se había acostumbrado a su deformidad
그리고 그녀는 그의 기형에 익숙해졌다
Ella ya no temía el momento de su visita.
그녀는 더 이상 그의 방문 시간을 두려워하지 않았습니다.
Ahora a menudo miraba su reloj.
이제 그녀는 종종 시계를 보았다
y ella no podía esperar a que fueran las nueve en punto
그리고 그녀는 9시가 되기를 기다릴 수 없었습니다.
Porque la bestia nunca dejaba de venir a esa hora
그 짐승은 그 시간에 결코 오지 않았기 때문이다
Sólo había una cosa que preocupaba a Bella.
아름다움에 관한 것은 오직 하나뿐이었다
Todas las noches antes de irse a dormir la bestia le hacía la misma pregunta.
매일 밤 그녀가 잠자리에 들기 전에 짐승은 그녀에게 같은 질문을 던졌습니다.
El monstruo le preguntó si sería su esposa.
괴물은 그녀에게 자신의 아내가 되어줄 것인지 물었다
Un día ella le dijo: "bestia, me pones muy nerviosa"
어느 날 그녀는 그에게 말했다, "짐승아, 너는 나를 매우 불안하게 만든다"
"Me gustaría poder consentir en casarme contigo"
"내가 당신과 결혼하는 데 동의할 수 있었으면 좋겠어요"
"Pero soy demasiado sincero para hacerte creer que me casaría contigo"
"하지만 나는 너무 진심이어서 당신과 결혼할 거라고 믿게 만들 수 없어"

"nuestro matrimonio nunca se realizará"
"우리 결혼은 절대 안 될 거야"
"Siempre te veré como un amigo"
"나는 당신을 항상 친구로 볼 것입니다"
"Por favor, trate de estar satisfecho con esto"
"이것으로 만족하려고 노력해주세요"
"Debo estar satisfecho con esto", dijo la bestia.
"나는 이것으로 만족해야 한다"고 짐승이 말했다.
"Conozco mi propia desgracia"
"나는 내 불행을 알고 있다"
"pero te amo con el más tierno cariño"
"하지만 나는 당신을 가장 부드러운 애정으로 사랑합니다"
"Sin embargo, debo considerarme feliz"
"그러나 나는 나 자신을 행복하다고 생각해야 합니다"
"Y me alegraría que te quedaras aquí"
"그리고 당신이 여기 머물러서 행복할 것 같아요"
"Prométeme que nunca me dejarás"
"나를 절대 떠나지 않겠다고 약속해"
Bella se sonrojó ante estas palabras.
이 말에 미녀는 얼굴이 붉어졌다
Un día Bella se estaba mirando en el espejo.
어느 날 미인이 거울을 들여다보고 있었습니다
Su padre se había preocupado muchísimo por ella.
그녀의 아버지는 그녀를 걱정하며 괴로워했습니다.
Ella anhelaba verlo de nuevo más que nunca.
그녀는 그 어느 때보다도 그를 다시 만나고 싶어했다
"Podría prometerte que nunca te abandonaré por completo"
"나는 당신을 완전히 떠나지 않을 거라고 약속할 수 있어요"
"Pero tengo un deseo tan grande de ver a mi padre"
"하지만 나는 아버지를 보고 싶은 마음이 너무 강해요"
"Me molestaría muchísimo si dijeras que no"
"당신이 거절한다면 나는 엄청나게 화가 날 것이다"
"Preferiría morir yo mismo", dijo el monstruo.

"나는 차라리 스스로 죽는 편이 낫다"고 괴물이 말했다.
"Prefiero morir antes que hacerte sentir incómodo"
"당신을 불안하게 만들기보다는 차라리 죽고 싶다"
"Te enviaré con tu padre"
"내가 너를 네 아버지께로 보내리라"
"permanecerás con él"
"너는 그와 함께 있을 것이다"
"y esta desafortunada bestia morirá de pena en su lugar"
"그리고 이 불행한 짐승은 대신 슬픔과 함께 죽을 것입니다"
"No", dijo Bella, llorando.
"아니요." 미인이 울면서 말했다.
"Te amo demasiado para ser la causa de tu muerte"
"나는 당신을 너무 사랑해서 당신의 죽음을 초래할 수 없습니다"
"Te doy mi promesa de regresar en una semana"
"일주일 후에 돌아오겠다고 약속드립니다"
"Me has demostrado que mis hermanas están casadas"
"당신은 내 자매들이 결혼했다는 것을 나에게 보여 주셨습니다"
"y mis hermanos se han ido al ejército"
"그리고 내 형제들은 군대에 갔어요"
"déjame quedarme una semana con mi padre, ya que está solo"
"아버지가 혼자 계시니 일주일 정도 아버지 집에 머물게 해 주세요"
"Estarás allí mañana por la mañana", dijo la bestia.
"너는 내일 아침 거기 있을 거야." 짐승이 말했다.
"pero recuerda tu promesa"
"하지만 당신의 약속을 기억하세요"
"Solo tienes que dejar tu anillo sobre una mesa antes de irte a dormir"
"잠자리에 들기 전에 반지를 테이블 위에 올려놓기만 하면 돼요"
"Y luego serás traído de regreso antes de la mañana"

"그러면 너는 아침이 오기 전에 다시 데려와질 것이다"
"Adiós querida belleza", suspiró la bestia.
"안녕, 사랑하는 아름다움아." 짐승이 한숨을 쉬며 말했다.
Bella se fue a la cama muy triste esa noche.
미인은 그날 밤 매우 슬픈 마음으로 잠자리에 들었습니다.
Porque no quería ver a la bestia tan preocupada.
그녀는 짐승이 그렇게 걱정하는 것을 보고 싶지 않았기 때문이다
A la mañana siguiente se encontró en la casa de su padre.
다음날 아침 그녀는 아버지 집에 있었습니다.
Ella hizo sonar una campanita junto a su cama.
그녀는 침대 옆에 있는 작은 종을 울렸다
y la criada dio un grito fuerte
그리고 하녀는 큰 비명을 질렀다.
y su padre corrió escaleras arriba
그리고 그녀의 아버지는 위층으로 달려갔다
Él pensó que iba a morir de alegría.
그는 기쁨으로 죽을 줄 알았다
La sostuvo en sus brazos durante un cuarto de hora.
그는 그녀를 15분 동안 팔에 안고 있었다
Finalmente los primeros saludos terminaron.
마침내 첫 인사가 끝났다
Bella empezó a pensar en levantarse de la cama.
미인은 침대에서 나오는 것에 대해 생각하기 시작했습니다.
pero se dio cuenta de que no había traído ropa
하지만 그녀는 옷을 하나도 가지고 오지 않았다는 것을 깨달았습니다.
pero la criada le dijo que había encontrado una caja
하지만 하인은 그녀에게 상자를 찾았다고 말했습니다.
El gran baúl estaba lleno de vestidos y batas.
큰 트렁크에는 가운과 드레스가 가득 차 있었습니다.
Cada vestido estaba cubierto de oro y diamantes.

각 가운은 금과 다이아몬드로 덮여 있었습니다.
Bella agradeció a la Bestia por su amable atención.
미녀는 야수의 친절한 보살핌에 감사를 표했다
y tomó uno de los vestidos más sencillos
그리고 그녀는 가장 단순한 드레스 중 하나를
입었습니다.
Ella tenía la intención de regalar los otros vestidos a sus hermanas.
그녀는 나머지 드레스들을 자매들에게 주려고 했습니다.
Pero ante ese pensamiento el arcón de ropa desapareció.
그런데 그 생각에 옷 상자가 사라져 버렸다
La bestia había insistido en que la ropa era solo para ella.
짐승은 그 옷이 그녀만을 위한 것이라고 주장했다
Su padre le dijo que ese era el caso.
그녀의 아버지는 이것이 사실이라고 그녀에게
말했습니다.
Y enseguida volvió el baúl de la ropa.
그리고 곧 옷 상자가 다시 돌아왔습니다.
Bella se vistió con su ropa nueva
미인은 새로운 옷을 입고 차려입었다
Y mientras tanto las doncellas fueron a buscar a sus hermanas.
그리고 그 사이에 하인들은 그녀의 자매들을 찾으러
갔다
Ambas hermanas estaban con sus maridos.
그녀의 자매 둘 다 남편과 함께 있었습니다
Pero sus dos hermanas estaban muy infelices.
하지만 그녀의 두 자매는 모두 매우 불행했습니다.
Su hermana mayor se había casado con un caballero muy guapo.
그녀의 큰 언니는 매우 잘생긴 신사와 결혼했습니다.
Pero estaba tan enamorado de sí mismo que descuidó a su esposa.
그러나 그는 자신을 너무 사랑해서 아내를 소홀히
했습니다.

Su segunda hermana se había casado con un hombre ingenioso.
그녀의 두 번째 자매는 재치있는 남자와 결혼했습니다.
Pero usó su ingenio para atormentar a la gente.
하지만 그는 자신의 재치를 이용해 사람들을 괴롭혔다
Y atormentaba a su esposa sobre todo.
그리고 그는 그의 아내를 가장 괴롭혔다
Las hermanas de Bella la vieron vestida como una princesa
미인의 자매들은 그녀가 공주처럼 차려입은 것을 보았다
y se enfermaron de envidia
그리고 그들은 질투에 질려 있었습니다.
Ahora estaba más bella que nunca
이제 그녀는 그 어느 때보다 더 아름다웠다
Su comportamiento cariñoso no pudo sofocar sus celos.
그녀의 애정 어린 행동은 그들의 질투를 억누를 수 없었다
Ella les contó lo feliz que estaba con la bestia.
그녀는 그들에게 자신이 그 짐승과 얼마나 행복한지 말했습니다.
y sus celos estaban a punto de estallar
그리고 그들의 질투는 터질 준비가 되었습니다.
Bajaron al jardín a llorar su desgracia.
그들은 불행을 울기 위해 정원으로 내려갔습니다.
"¿En qué sentido esta pequeña criatura es mejor que nosotros?"
"이 작은 생물이 우리보다 어떤 면에서 나을 수가 있을까?"
"¿Por qué debería estar mucho más feliz?"
"그녀가 왜 그렇게 더 행복해야 할까요?"
"Hermana", dijo la hermana mayor.
"언니," 언니가 말했다.
"Un pensamiento acaba de golpear mi mente"
"방금 어떤 생각이 떠올랐어요"
"Intentemos mantenerla aquí más de una semana"
"그녀를 일주일 이상 여기 머물게 해보자"

"Quizás esto enfurezca al tonto monstruo"
"아마도 이게 어리석은 괴물을 화나게 할 거야"
"porque ella hubiera faltado a su palabra"
"그녀가 약속을 어겼을 테니까"
"y entonces podría devorarla"
"그러면 그는 그녀를 삼킬 수도 있습니다"
"Esa es una gran idea", respondió la otra hermana.
"좋은 생각이네요." 다른 자매가 대답했다.
"Debemos mostrarle la mayor amabilidad posible"
"우리는 그녀에게 가능한 한 많은 친절을 보여야 합니다"
Las hermanas tomaron esta resolución
자매들은 이것을 결심했습니다
y se comportaron con mucho cariño con su hermana
그리고 그들은 자매에게 매우 애정을 가지고 행동했습니다.
La pobre belleza lloró de alegría por toda su bondad.
불쌍한 미녀는 그들의 모든 친절에 기쁨으로 울었습니다.
Cuando la semana se cumplió, lloraron y se arrancaron el pelo.
일주일이 지나자 그들은 울고 머리를 뜯었다.
Parecían muy apenados por separarse de ella.
그들은 그녀와 헤어지는 것이 너무 미안해 보였다
y Bella prometió quedarse una semana más
그리고 아름다움은 일주일 더 머물겠다고 약속했습니다
Mientras tanto, Bella no pudo evitar reflexionar sobre sí misma.
그 사이에 미인은 자기 자신을 돌아보지 않을 수 없었다.
Ella se preocupaba por lo que le estaba haciendo a la pobre bestia.
그녀는 불쌍한 짐승에게 무슨 짓을 하고 있는지 걱정했습니다.
Ella sabía que lo amaba sinceramente.
그녀는 자신이 그를 진심으로 사랑한다는 것을 알고 있다

Y ella realmente anhelaba verlo otra vez.
그리고 그녀는 정말로 그를 다시 만나고 싶어했습니다

La décima noche también la pasó en casa de su padre.
그녀도 아버지 집에서 보낸 열 번째 밤

Ella soñó que estaba en el jardín del palacio.
그녀는 궁전 정원에 있는 꿈을 꾸었다

y soñó que veía a la bestia extendida sobre la hierba
그리고 그녀는 짐승이 풀밭 위로 뻗어 있는 것을 꿈꿨습니다.

Parecía reprocharle con voz moribunda
그는 죽어가는 목소리로 그녀를 비난하는 듯했다.

y la acusó de ingratitud
그리고 그는 그녀가 배은망덕하다고 비난했습니다.

Bella se despertó de su sueño.
미녀가 잠에서 깨어났다

y ella estalló en lágrimas
그리고 그녀는 눈물을 터뜨렸다

"¿No soy muy malvado?"
"내가 매우 사악하지 않은가?"

"¿No fue cruel de mi parte actuar tan cruelmente con la bestia?"
"내가 그 짐승에게 그토록 불친절하게 대하는 게 잔인하지 않았나요?"

"La bestia hizo todo lo posible para complacerme"
"짐승은 나를 기쁘게 하기 위해 모든 것을 다 했다"

-¿Es culpa suya que sea tan feo?
"그가 그렇게 못생긴 게 그의 잘못이에요?"

¿Es culpa suya que tenga tan poco ingenio?
"그가 재치가 없는 게 그의 잘못인가요?"

"Él es amable y bueno, y eso es suficiente"
"그는 친절하고 착하며, 그것으로 충분합니다"

"¿Por qué me negué a casarme con él?"
"왜 나는 그와 결혼하는 것을 거부했을까?"

"Debería estar feliz con el monstruo"
"나는 괴물과 함께 행복해야 한다"

"Mira los maridos de mis hermanas"
"내 자매들의 남편들을 보세요"
"ni el ingenio ni la belleza los hacen buenos"
"재치도 없고, 잘생겼다는 것도 그들을 훌륭하게 만들지 못한다"
"Ninguno de sus maridos las hace felices"
"그들의 남편 중 누구도 그들을 행복하게 해주지 않는다"
"pero virtud, dulzura de carácter y paciencia"
"그러나 미덕, 온화한 성격, 인내심"
"Estas cosas hacen feliz a una mujer"
"이런 것들이 여자를 행복하게 만든다"
"y la bestia tiene todas estas valiosas cualidades"
"그리고 그 짐승은 이 모든 귀중한 자질을 가지고 있습니다"
"Es cierto; no siento la ternura del afecto por él"
"그렇습니다. 나는 그에게 애정의 부드러움을 느끼지 못합니다"
"Pero encuentro que tengo la más alta gratitud por él"
"하지만 나는 그에게 가장 큰 감사를 느낀다"
"y tengo por él la más alta estima"
"그리고 나는 그를 가장 존경합니다"
"y él es mi mejor amigo"
"그리고 그는 내 가장 친한 친구야"
"No lo haré miserable"
"나는 그를 불행하게 만들지 않을 것이다"
"Si fuera tan desagradecido nunca me lo perdonaría"
"내가 그렇게 배은망덕하다면 결코 나 자신을 용서하지 않을 것입니다"
Bella puso su anillo sobre la mesa.
미인은 그녀의 반지를 테이블에 올려놓았다
y ella se fue a la cama otra vez
그리고 그녀는 다시 잠자리에 들었다
Apenas estaba en la cama cuando se quedó dormida.
그녀는 잠들기 직전에 침대에 거의 누워 있었습니다.
Ella se despertó de nuevo a la mañana siguiente.

그녀는 다음날 아침에 다시 일어났다
Y ella estaba muy contenta de encontrarse en el palacio de la bestia.
그리고 그녀는 자신이 짐승의 궁전에 있는 것을 발견하고 매우 기뻤습니다.
Ella se puso uno de sus vestidos más bonitos para complacerlo.
그녀는 그를 기쁘게 하기 위해 그녀의 가장 아름다운 드레스 중 하나를 입었습니다.
y ella esperó pacientemente la tarde
그리고 그녀는 참을성 있게 저녁을 기다렸다
llegó la hora deseada
마침내 바라던 시간이 왔습니다
El reloj dio las nueve, pero ninguna bestia apareció
시계는 9시를 쳤지만 짐승은 나타나지 않았습니다.
Bella entonces temió haber sido la causa de su muerte.
미인은 그때 자신이 그의 죽음의 원인이라고 두려워했습니다.
Ella corrió llorando por todo el palacio.
그녀는 궁전 주위를 울면서 돌아다녔다
Después de haberlo buscado por todas partes, recordó su sueño.
그녀는 그를 사방에서 찾아다닌 끝에 자신의 꿈을 떠올렸다.
y ella corrió hacia el canal en el jardín
그리고 그녀는 정원의 운하로 달려갔다
Allí encontró a la pobre bestia tendida.
그녀는 그곳에서 불쌍한 짐승이 뻗어 있는 것을 발견했습니다.
y estaba segura de que lo había matado
그리고 그녀는 자신이 그를 죽였다고 확신했습니다
Ella se arrojó sobre él sin ningún temor.
그녀는 아무런 두려움 없이 그에게 몸을 던졌습니다.
Su corazón todavía latía
그의 심장은 아직도 뛰고 있었다

Ella fue a buscar un poco de agua al canal.
그녀는 운하에서 물을 가져왔다
y derramó el agua sobre su cabeza
그리고 그녀는 그의 머리에 물을 부었다
La bestia abrió los ojos y le habló a Bella.
짐승은 눈을 뜨고 미녀에게 말을 걸었다
"Olvidaste tu promesa"
"당신은 약속을 잊었어요"
"Me rompió el corazón haberte perdido"
"당신을 잃어서 너무 마음이 아팠어요"
"Resolví morirme de hambre"
"나는 굶어 죽기로 결심했다"
"pero tengo la felicidad de verte una vez más"
"하지만 나는 당신을 다시 볼 수 있는 행복을 가지고 있습니다"
"Así tengo el placer de morir satisfecho"
"그래서 나는 만족스럽게 죽을 수 있는 기쁨을 얻었습니다"
"No, querida bestia", dijo Bella, "no debes morir".
"아니, 사랑하는 짐승아," 미녀가 말했다, "너는 죽어서는 안 돼."
"Vive para ser mi marido"
"내 남편으로 살아라"
"Desde este momento te doy mi mano"
"이 순간부터 나는 당신에게 내 손을 줍니다"
"Y juro no ser nadie más que tuyo"
"그리고 나는 당신 외에는 아무도 될 수 없다고 맹세합니다"
"¡Ay! Creí que sólo tenía una amistad para ti"
"아아! 나는 너에게 우정만 있을 줄 알았어"
"Pero el dolor que ahora siento me convence;"
"하지만 지금 내가 느끼는 슬픔이 나를 설득합니다."
"No puedo vivir sin ti"
"나는 너 없이는 살 수 없어"
Bella apenas había dicho estas palabras cuando vio una luz.

아름다움은 빛을 보았을 때 이 말을 거의 하지 않았습니다.
El palacio brillaba con luz
궁전은 빛으로 반짝였다
Los fuegos artificiales iluminaron el cielo
불꽃놀이가 하늘을 밝혔다
y el aire se llenó de música
그리고 음악으로 가득 찬 공기
Todo daba aviso de algún gran acontecimiento
모든 것이 어떤 큰 사건을 알리는 신호였다
Pero nada podía captar su atención.
하지만 그녀의 관심을 끌 수 있는 것은 아무것도 없었다.
Ella se volvió hacia su querida bestia.
그녀는 그녀의 사랑하는 짐승에게로 돌아섰다
La bestia por la que ella temblaba de miedo
그녀가 두려움에 떨던 짐승
¡Pero su sorpresa fue grande por lo que vio!
하지만 그녀는 본 것에 큰 놀라움을 느꼈습니다!
La bestia había desaparecido
짐승이 사라졌다
En cambio, vio al príncipe más encantador.
대신 그녀는 가장 사랑스러운 왕자를 보았습니다
Ella había puesto fin al hechizo.
그녀는 그 주문을 끝냈다
Un hechizo bajo el cual se parecía a una bestia.
그가 짐승과 닮은 주문
Este príncipe era digno de toda su atención.
이 왕자는 그녀의 모든 관심을 받을 만한 사람이었다
Pero no pudo evitar preguntar dónde estaba la bestia.
하지만 그녀는 그 짐승이 어디에 있는지 묻지 않을 수 없었다.
"Lo ves a tus pies", dijo el príncipe.
"당신은 그가 당신의 발 아래에 있는 것을 보았습니다." 왕자가 말했습니다.
"Un hada malvada me había condenado"

"사악한 요정이 나를 정죄했다"
"Debía permanecer en esa forma hasta que una hermosa princesa aceptara casarse conmigo"
"나는 아름다운 공주가 나와 결혼하기로 동의할 때까지 그 모습을 유지해야 했습니다"
"El hada ocultó mi entendimiento"
"요정이 내 이해를 숨겼다"
"Fuiste el único lo suficientemente generoso como para quedar encantado con la bondad de mi temperamento"
"당신은 내 성격의 좋은 점에 매료될 만큼 관대한 유일한 사람이었습니다"
Bella quedó felizmente sorprendida
미인은 행복하게 놀랐다
Y le dio la mano al príncipe encantador.
그리고 그녀는 매력적인 왕자에게 손을 내밀었다
Entraron juntos al castillo
그들은 함께 성으로 들어갔다
Y Bella se alegró mucho al encontrar a su padre en el castillo.
그리고 미인은 성에서 아버지를 만나서 매우 기뻤습니다.
y toda su familia estaba allí también
그리고 그녀의 온 가족도 거기에 있었습니다
Incluso Bella dama que apareció en su sueño estaba allí.
그녀의 꿈에 나타난 아름다운 여인도 거기에 있었어요
"Belleza", dijo la dama del sueño.
"아름다움" 꿈 속의 여인이 말했다.
"ven y recibe tu recompensa"
"와서 보상을 받으세요"
"Has preferido la virtud al ingenio o la apariencia"
"당신은 재치나 외모보다 미덕을 더 선호합니다"
"Y tú mereces a alguien en quien se unan estas cualidades"
"그리고 당신은 이러한 자질이 결합된 사람을 만날 자격이 있습니다"
"vas a ser una gran reina"
"너는 위대한 여왕이 될 거야"

"Espero que el trono no disminuya vuestra virtud"
"왕위가 당신의 덕을 낮추지 않기를 바랍니다"
Entonces el hada se volvió hacia las dos hermanas.
그러자 요정은 두 자매에게로 돌아섰다.
"He visto dentro de vuestros corazones"
"나는 너희 마음을 보았다"
"Y sé toda la malicia que contienen vuestros corazones"
"그리고 나는 당신들의 마음에 얼마나 악의가 담겨 있는지 알고 있습니다"
"Ustedes dos se convertirán en estatuas"
"너희 둘은 동상이 될 거야"
"pero mantendréis vuestras mentes"
"그러나 너희는 마음을 지키리라"
"estarás a las puertas del palacio de tu hermana"
"너는 네 누이의 궁전 문 앞에 서라"
"La felicidad de tu hermana será tu castigo"
"네 자매의 행복은 네 벌이 될 것이다"
"No podréis volver a vuestros antiguos estados"
"너희는 다시는 너희의 옛 상태로 돌아갈 수 없을 것이다"
"A menos que ambos admitan sus errores"
"두 분 다 자신의 잘못을 인정하지 않는 한"
"Pero preveo que siempre permaneceréis como estatuas"
"하지만 나는 당신이 영원히 동상으로 남을 것이라고 예상합니다"
"El orgullo, la ira, la gula y la ociosidad a veces se vencen"
"자만심, 분노, 폭식, 게으름은 때때로 극복된다"
" pero la conversión de las mentes envidiosas y maliciosas son milagros"
" 그러나 시기하고 악의에 찬 마음을 회개시키는 것은 기적입니다"
Inmediatamente el hada dio un golpe con su varita.
요정은 즉시 지팡이로 쳐냈다.
Y en un momento todos los que estaban en el salón fueron transportados.

그리고 순식간에 홀에 있던 모든 사람들이
옮겨졌습니다.
Habían entrado en los dominios del príncipe.
그들은 왕자의 영토로 들어갔다
Los súbditos del príncipe lo recibieron con alegría.
왕자의 신하들은 그를 기쁨으로 맞이했다
El sacerdote casó a Bella y la bestia
신부는 미녀와 야수를 결혼시켰다
y vivió con ella muchos años
그리고 그는 그녀와 오랜 세월을 함께 살았습니다
y su felicidad era completa
그리고 그들의 행복은 완전했다
porque su felicidad estaba fundada en la virtud
그들의 행복은 덕에 기초했기 때문입니다.

El fin
끝

www.tranzlaty.com

www.ingramcontent.com/pod-product-compliance
Lightning Source LLC
Chambersburg PA
CBHW011552070526
44585CB00023B/2560